AF609089

PAPIER
FRESSERCHEN
DIE BÜCHER MIT DEM DRACHEN

Impressum:

Besuchen Sie uns im Internet:
www.papierfresserchen.de – info@papierfresserchen.de

Zweite unveänderte Auflage 2021
Mühlstraße 10, D- 88085 Langenargen

Lektorat: Redaktions- und Literaturbüro MTM
Gedruckt in der EU
ISBN: 978-3-86196-171-0

Die Autorin Birgit Sommer engagiert sich seit Jahren aktiv in der Leseförderung, so kam sie auch zum Schreiben. Ihre einfachen, nicht nur kurzen Geschichten hat sie extra für Leseanfänger und Kinder mit Leseschwäche entworfen.

Außerdem hält die Autorin interaktive Lesungen für Vor-, Grund- und Förderschulkinder sowie Vorträge, Seminare und Workshops für Pädagogen und interessierte Eltern. Birgit Sommer lebt mit ihrer Familie in Franken/Bayern.

Birgit Sommer

Mit Moro lesen lernen

Geschichten für Leseanfänger und zur Leseförderung mit Verständnisfragen

Lesen, Malen, Raten

Übungsbuch Deutsch
inklusive Übungen zur visuellen Wahrnehmung

Mit einem Vorwort des
Dachverbands Legasthenie Deutschland e.V. (DVLD e.V.) und des
Ersten Österreichischen Dachverbands Legasthenie (EÖDL)

Inhaltsverzeichnis

Verkürzte Anlauttabelle

Ameise 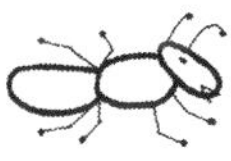		Baum 	Clown 	Drache 
Esel 		Frosch 	Geist 	Hase 
Igel 	Jacke 	Krokodil 	Leiter 	Moro 
Nüsse 	Ofen 	Pilz 	Qualle 	Rabe 
Sonne 			Tiger 	Uhu 
Vulkan 	Wald 	Xylofon 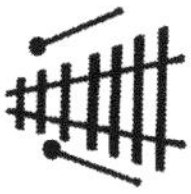	Y: Pony 	Zylinder 

Vorwort

Der Dachverband Legasthenie Deutschland e.V. (DVLD e.V.) und der Erste Österreichische Dachverband Legasthenie (EÖDL) freuen sich über das neue Buch „Mit Moro lesen lernen" von Birgit Sommer. Wir begrüßen Projekte wie diese, weil sie aus der Praxis heraus entstanden sind und Kindern beim Lesenlernen helfen. Als Kind hatte Birgit Sommer selbst große Probleme beim Lesen- und Schreibenlernen. Das hielt sie nicht davon ab, eine Ausbildung als Fremdsprachenkorrespondentin zu machen.

Seit Jahren engagiert sich Birgit Sommer ehrenamtlich für die Leseförderung: als Mitarbeiterin einer Bücherei, als Lesepatin und seit 2009 als Autorin für Leseanfänger und Kinder, die sich mit dem Lesen schwertun. Ihre ersten Geschichten schrieb sie für ihre eigenen Kinder. Birgit Sommer merkte, dass ihre Kinder Geschichten mit lautgetreuen Worten brauchten. So konnten sie das Zusammenschleifen der Buchstaben in Ruhe üben. Sie hatten Spaß an den Geschichten und waren stolz auf ihren Erfolg. So entstand die Reihe mit Mara und Timo.

In dem jetzt vorliegenden Buch macht Birgit Sommer den nächsten logischen Schritt. „Mit Moro lesen lernen" orientiert sich in spielerischer Weise an den phonetischen Besonderheiten der deutschen Schriftsprache. Es geht gezielt auf die sogenannten Stolpersteine beim Lesenlernen ein. Neben den Lesetexten mit Verständnisfragen sind viele Übungen zur visuellen Wahrnehmung eingebaut, die die Aufnahmefähigkeit für das geschriebene Wort erhöhen.

Als zusätzliches Bonbon sind alle Kapitel zweiteilig: Lesetext und Leselernübungen in Großbuchstaben auf der einen Seite und in Fibelschrift auf der anderen Seite. Die Kapitel können sowohl separat als auch gemeinsam durchgearbeitet werden. „Mit Moro lesen lernen" ist daher nicht nur für Vorschulkinder geeignet, die bereits die Großbuchstaben kennen und lesen lernen wollen, sondern auch für leseschwache Jugendliche, die noch einmal die Grundlagen wiederholen müssen.

Wir wünschen dem Buch „Mit Moro lesen lernen" eine große und vor allem junge Leserschar und hoffen, dass viele Kinder durch dieses Buch die Freude am Lesen (wieder) entdecken. Wir freuen uns, dass Birgit Sommer mit ihrer Arbeit in der Leseförderung einen wichtigen Beitrag zum Leseverständnis leistet.

Stephany Koujou
2. Vorstandsvorsitzende des DVLD e.V.

Dr. Astrid Kopp-Duller
Präsidentin des EÖDL

Der Dachverband Legasthenie Deutschland ist ein gemeinnütziger Verband im Dienste legasthener und dyskalkuler Menschen und Nr. 1 Ansprechpartner für Betroffene, Eltern, Lehrkräfte und an der Thematik Interessierte. Der Erste Österreichische Dachverband Legasthenie ist der Berufsverband für Legasthenie- und Dyskalkulietrainer/innen.

Die Buchstaben: Vokale: A E I O U

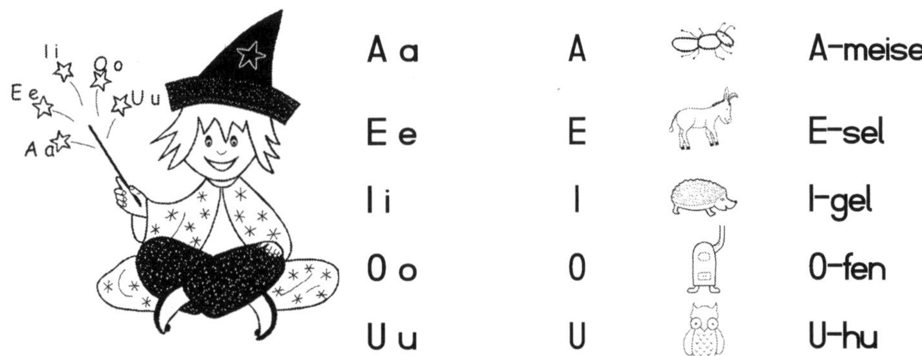

A a	A		A-meise
E e	E		E-sel
I i	I		I-gel
O o	O		O-fen
U u	U		U-hu

Suchübungen:

Verbinde die Bilder mit den passenden Buchstaben. Was entsteht mithilfe der Linien?

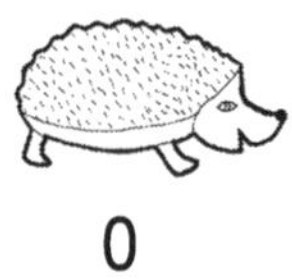

O

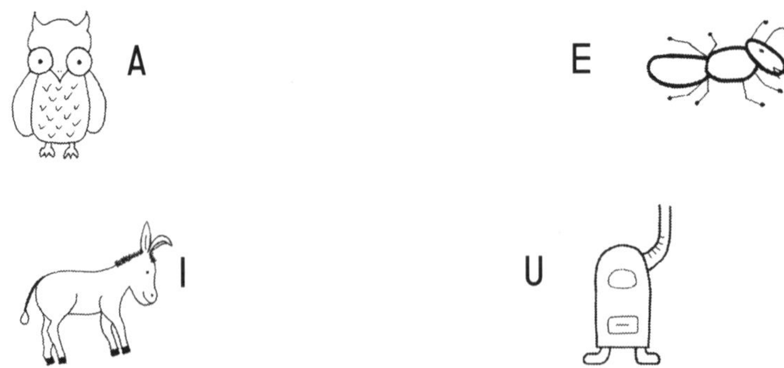

Ein Stern

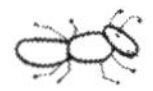

Male alle A a farbig an

Affe Ali angelt am Abend Ameisen.
Was macht Moros Rabe Ralf?

Male alle E e farbig an

Die Hexen Emma und Else wollen reiten.
Aber Esel Emil will erst Erdbeeren essen.

Male alle I i farbig an

Hexenkind Giggi will zu der Insel im Eis.
Hier findet sie immer Igel in ihrem Iglu.

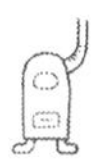

Male alle O o farbig an

Moro kocht dem Opa oft Obst im Ofen,
obwohl Opa Otto ohne Oma ist.

Male alle U u farbig an

Zauberer Moro saust ums Ufo,
und Uhu Uwe untersucht Uhren.

Übung: Finde A, E, I, O, U und male sie aus oder fahre sie mit dem Finger nach

Übung: Finde a, e, i, o, u und male sie aus oder fahre sie mit dem Finger nach

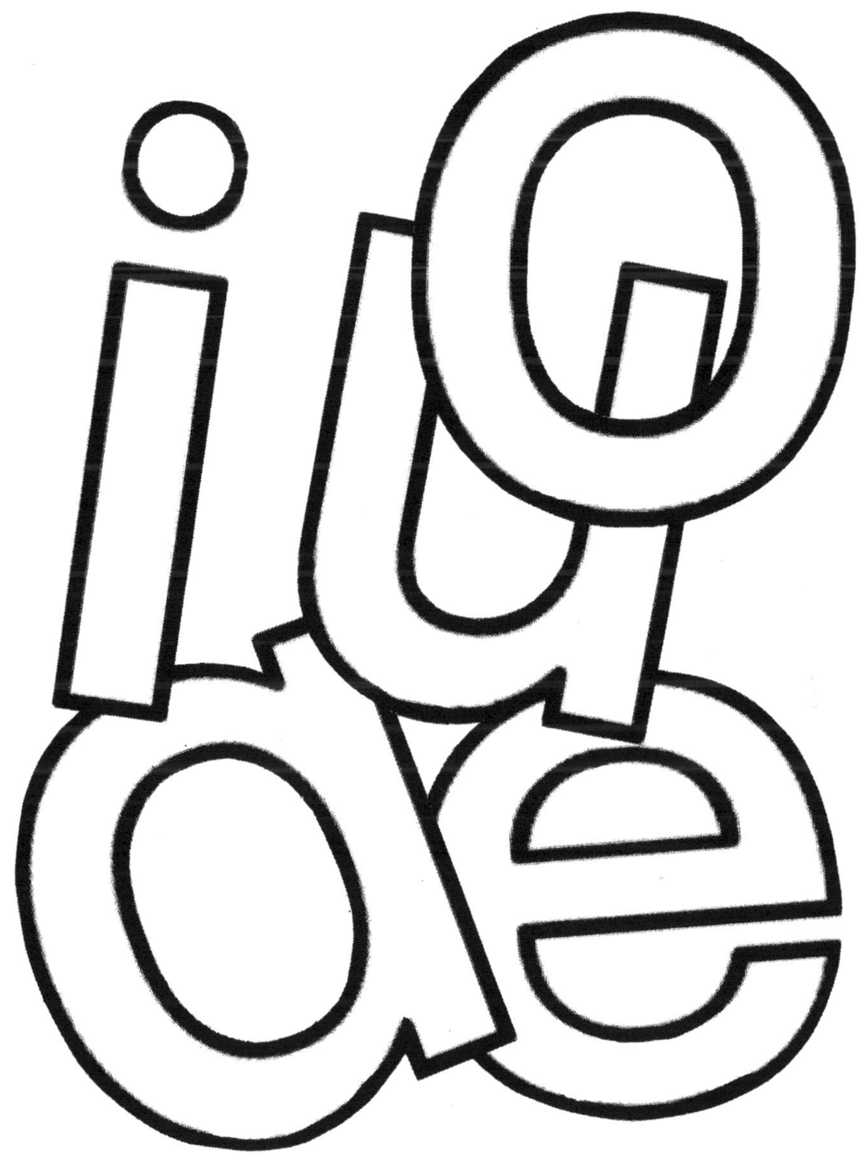

Selbstklingende Konsonanten:

M W R N S F L

M m	M	M-oro
W w	W	W-ald

Übung: Pass auf!

Welche Buchstaben stehen richtig herum?

Male aus: M = gelb / W = blau

Zähle: Gibt es gleich viele „richtige" M und W?

Übung: Buchstabenzauber:

Lies Zeile für Zeile. Was fällt dir auf?

		M	A	M	A		
			O	M	A		
		M	O	M	O		
		M	A	M	A		
			A	M			
			U	M			
			I	M			
		W	I	M			
		W	O				
	U	W	E				
		W	E	M			
			E	M	M	A	
			M	A	M	A	

(Es ändern sich nur wenige Buchstaben, trotzdem gibt es verschiedene Wörter, und das erste und letzte Wort sind gleich.)

R r R R-abe

Übung: Male aus: Was beginnt mit R, M, W?

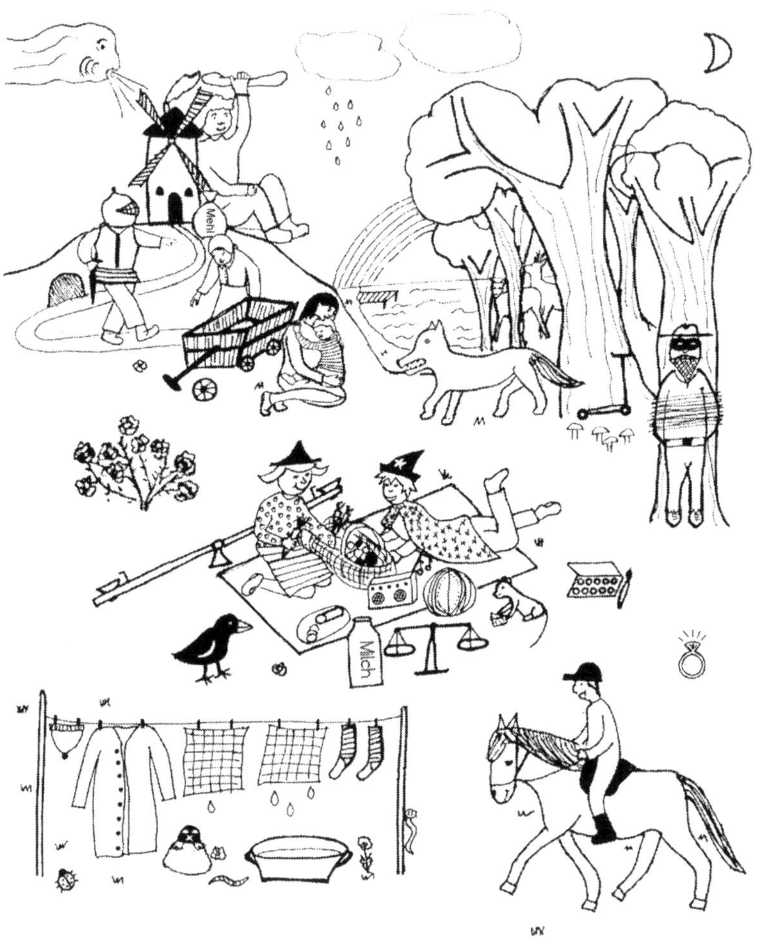

Was mit M beginnt = gelb

Was mit R beginnt = rot

Was mit W beginnt = grün

Übung: Würfelspiel:

Bilde viele neue Sätze und beantworte die Fragen.

	1. Wurf	2. Wurf	3. Wurf	4. Wurf
 1	War	Moro	am	
 2	War	Emma	im	
 3	Wo war	Mama	am	
 4	Wo war	Uwe	im	
 5	Warum war	Oma	am	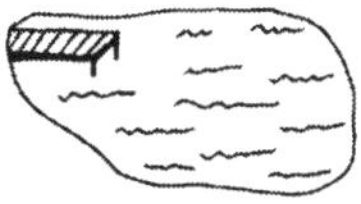
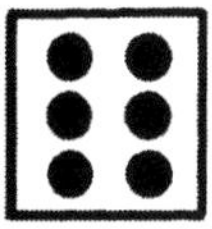 6	Warum war	Maria	im	

N n	N		N-üsse
S s	S		S-onne

Übung: Silbenboote:

Klatsche die Silben und schreibe sie in die Boote.

SONNE — SON | NE

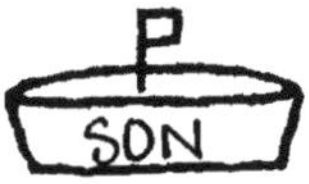

MORO

SEE

NAME

NASE

ESSEN

WASSER

RASEN

ARM

MAMA

LILA

SEEROSE

Am See

Wir summen.
Wir waren am See.
Es war warm im Wasser.
Im See waren Seerosen.

Im Sommer sonnen wir uns.
Wir sonnen uns im Rasen.
Nun rennen wir ins Wasser.
Immer nur in unseren See.

Wann essen wir was?
Wollen wir Ananas essen?
Wessen Ananas essen wir?

Wir essen Emmas Ananas.
Moro muss Rosinen essen.
Armer Moro.

Fragen zum Text:

1. Was muss Moro essen?

- Rosinen.
- Ananas.
- Rosen.

F f	**F**		**F-rosch**
L l	**L**		**L-eiter**

WIR WOLLEN MALEN

ALLE RUFEN: LOS WIR WOLLEN MALEN.
MORO WILL WISSEN: WAS MALEN WIR?
EMMA WILL INSELN IM SEE MALEN.

RALF WILL UFOS IM ALL MALEN.
NUR ER SOLL RASEN AM UFER MALEN.
NUN WILL RALF FELSEN IM FLUSS MALEN.
MORO WILL MOOS AM FELSEN MALEN.

Was sollen wir malen?

Was will Emma nun?
Immer soll Moro malen, was Emma will.

Nun soll Moro Esel am See malen.
Moro soll nasse Esel malen.
Nee, nun will er lesen.
Moro will lesen, was alle malen.
So soll er es.

Was will Emma nun malen?
Arme, Nase ...
Emma will Moro malen.

Fragen zum Text:

1. Wer soll malen, was Emma will?

- Moro.
- Ralf.
- Alle.

2. Was will Emma malen?

- Inseln.
- Moro.
- Esel.

Mitklingende Konsonanten:

G H D T B P J K

G g	G	G-eist
H h	H	H-ase

MOROS HELFER

MOROS GIRAFFE MAG SO GERNE SINGEN.
NUR WEGEN MOROS WEHEM MAGEN
MUSS NUN RUHE HER.

WEGEN MOROS WEHEM MAGEN MUSS EMMA HER.
MOROS GANS MUSS EMMA HOLEN.
EMMA WILL SOGAR HINSEGELN.
ALLE SEHEN EMMA AM HIMMEL SEGELN.

ALLE FOLGEN EMMA.
AMSELN SEGELN HER.
HENNEN HELFEN MORO.
SOGAR EMMAS UHU WILL HELFEN.
ALLE WOLLEN MORO HELFEN.

ALLE FRAGEN, WAS SOLL MORO ESSEN?
MORO MAG NUR WENIG ESSEN.
ER MUSS NUN HONIG ESSEN.

Übung: Hast du Augen wie ein Adler?

Mosaikbild: Male aus:

n = blau / r = rot / m = braun

h = gelb / u = grün

D d	D		D-rache
T t	T		T-iger

Übung: Wer hat Ohren wie ein Uhu? Wo hörst du den neuen Buchstaben „D"? Am Anfang, in der Mitte oder am Ende? Kreuze an!

Und wo hörst du das „T"? Kreuze an!

EMMA HAT HUNGER

ALI UND EMMA WARTEN.
EMMA FRAGT: WO IST MORO?
ALI UND EMMA HABEN HUNGER.
EMMA FRAGT: WAS WOLLEN WIR ESSEN?
WURST, WURM, ENTE, GANS ODER HASE?
AFFE ALI WILL NUR ETWAS GUTES ESSEN.

Was gibt es zu essen?

Was gibt es im Garten?
Salat, Melone oder Tomaten.

Wo ist Moros Regal?
Affe Ali findet es.
Dort sind: Nudeln, Salami, Senf,
Honig, Semmeln und Ananas.

Emma sagt: Lasst uns anfangen!
Der Salat muss ins Wasser!
Und wer nimmt das Messer?

Als Moro da ist, fragt er:
Was duftet so gut?
Affe Ali ruft: Das Essen ist fertig!

Fragen zum Text:

1. Wo findet Emma Tomaten?

- In der Dose.
- Im Regal.
- Im Garten.
- Im Wald.

FRAGEN ZUM PILZ-MANDALA

1. HABEN ALLE PILZE DASSELBE MUSTER?
2. WAS IST IN DER MITTE ZU SEHEN?
3. IST DER RAND GANZ RUND?
4. WAS HAT DER UNTERE PILZ IN DER HAND?
5. UND DER LINKE PILZ, WAS KRABBELT DORT?

Übung: Baum oder Pilz?

Baum oder Pilz? Wer hilft Moro im Wald?
Ordne zu! Was beginnt mit B oder P?

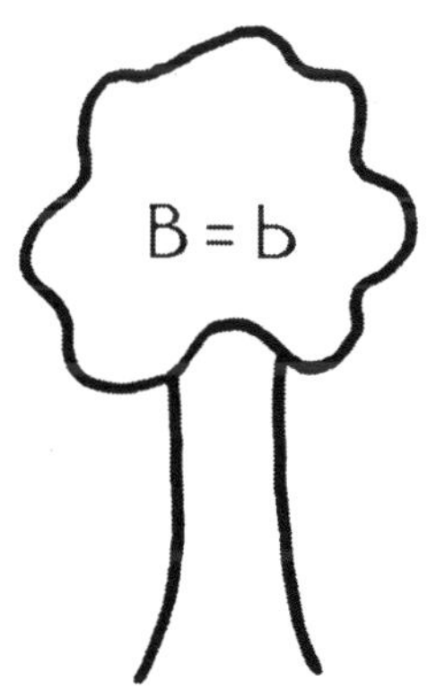

Puppe
Pinguin
Ball
Pinsel
Post
Birne
Banane
Blatt
Blume

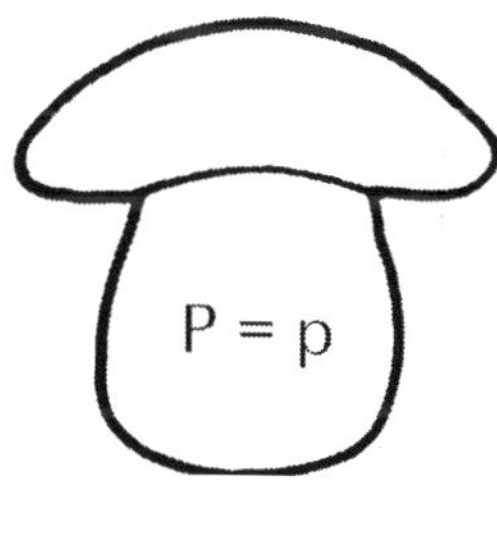

Kannst du das auch mit b und d?

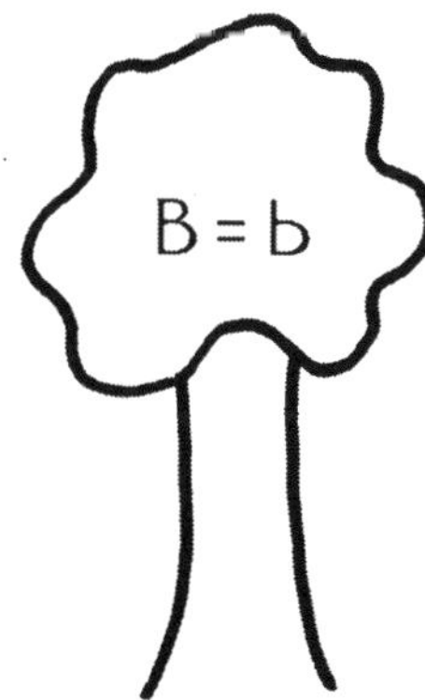

bis
bald
denn
da
damit
baden
drehen

J j	J	J-acke
K k	K	K-rokodil

MORO IM WALD

MORO JAMMERT. WO IST DER KORB?
JA, NUR MIT DEM KORB WILL MORO FORT.
MORO HAT IM KORB JOGURT UND KEKSE.

DER KORB IST LINKS NEBEN MOROS BANK.
JETZT KANN ER IN DEN WALD GEHEN.
IM WALD IST JETZT ALLES KUNTERBUNT.

JETZT WIRD ES WINDIG.
KASTANIEN FALLEN RUNTER.
MORO WILL ABER PILZE SAMMELN.

FRAGEN ZUM TEXT:

1. WAS HAT MORO IM KORB?

- KEKSE.
- PILZE.
- MOOS.
- BROT.
- JOGURT.

Gibt es Pilze im Wald?

Moro ist im Wald, um Pilze zu sammeln.
Er kennt jeden Pilz, denn er ist klug.
Im Oktober gibt es Pilze zu sammeln.
Nur Moro findet jetzt nirgends Pilze.

Ja, dagegen muss Moro etwas tun.
Der Junge legt den Hut jetzt hin.
Dann jagt er kurz um den Hut herum.
Rund um Moro sind jetzt Pilze am Boden.
Dank Moro kann jetzt jeder Pilze sammeln.

Jetzt kommen Wolken und es wird dunkel.
Ja, nun regnet es und er wird nass.
Moro wird es ganz kalt, er jammert.
Ja, jetzt muss Moro etwas Warmes trinken.

Fragen zum Text:

1. Wo findet Moro Pilze?

- Im Wald.
- Im Hut.
- Im Korb.
- Nirgends.
- Am Boden.

Seltenere Buchstaben: Qu V X C Y

Qu qu	Qu		Qu-alle
V v	V		V-ulkan
X x	X		X-ylofon

Übung: Wer kann das unterscheiden?
Finde die gleichen Buchstaben wie am Anfang!

Q	QUELLE	OMA	QUALLE	AQUARIUM
V	VATER	VON	UND	VULKAN
X	MIXER	NIXE	PONY	TAXI

Verhext

Hexe Emma sitzt vor dem vollen Jogurt.
Aber Hexe Emma will Quark essen.
Emma ist verzagt und jammert:
Verflixter Qualm, das war nix!

Da vorne kommt ja Moro.
Affe Ali winkt mit dem Hut.
Hexe Emma fragt: Klappt es zu dritt?

Fragen zum Text:

1. Wovor sitzt Emma?

- Vor dem Quark.
- Vor dem Jogurt.
- Vor der Quelle.

2. Woher kommt Moro?

- Vom Taxi.
- Vom Vater.
- Von vorne.

3. Wer winkt mit dem Zylinder?

- Nixe Voxy.
- Affe Ali.
- Das Pony.

C c	C		C-lown
Y y	Y		Pon-y

Prima, jetzt kennst du alle Buchstaben.

Übung: Spiele mit den seltenen Buchstaben SUDOKU. Verwende: C, J, Qu, V, X, Y.

C					Qu
	X			V	
		Y	X		
	Qu			C	
Qu					X
	Y	V	Qu	J	

Hexe Emma hext zu dritt

Vorher gehen Moro und Emma zum Computer.
Was gibt es dort? Ist dort Emmas Yo-Yo?
Emmas Comics mit Clowns und Cowboys sind da.
Und dort ist Emmas Hexen-CD.

Emma, Moro und Affe Ali lesen und hexen:
Mit dem U, V, W und X
Das war vorhin nix.
Jede junge Ente quakt,
wo ist der Quark?

Hexe Emma jubelt: Da ist der Quark.
Aber Ali hat den Zylinder verloren.
Dann gehen alle in den Garten.
Moro will Obst in den Quark mixen.
Emmas Pony Nixe trinkt an der Quelle.
In der Quelle paddelt Emmas Qualle.
Emmas Uhu Uwe ruft: Wo ist Teddy?

Fragen zum Text:

1. Wer will Obst in den Quark mixen?

- Der Clown.
- Moro.
- Der Cowboy.

A B C D E F G H I J K L M N O P Q R S T U V W X Y Z

Übung: Rabe Ralf springt von Punkt zu Punkt.
Verbinde A bis Z der Reihe nach. Was wird das?

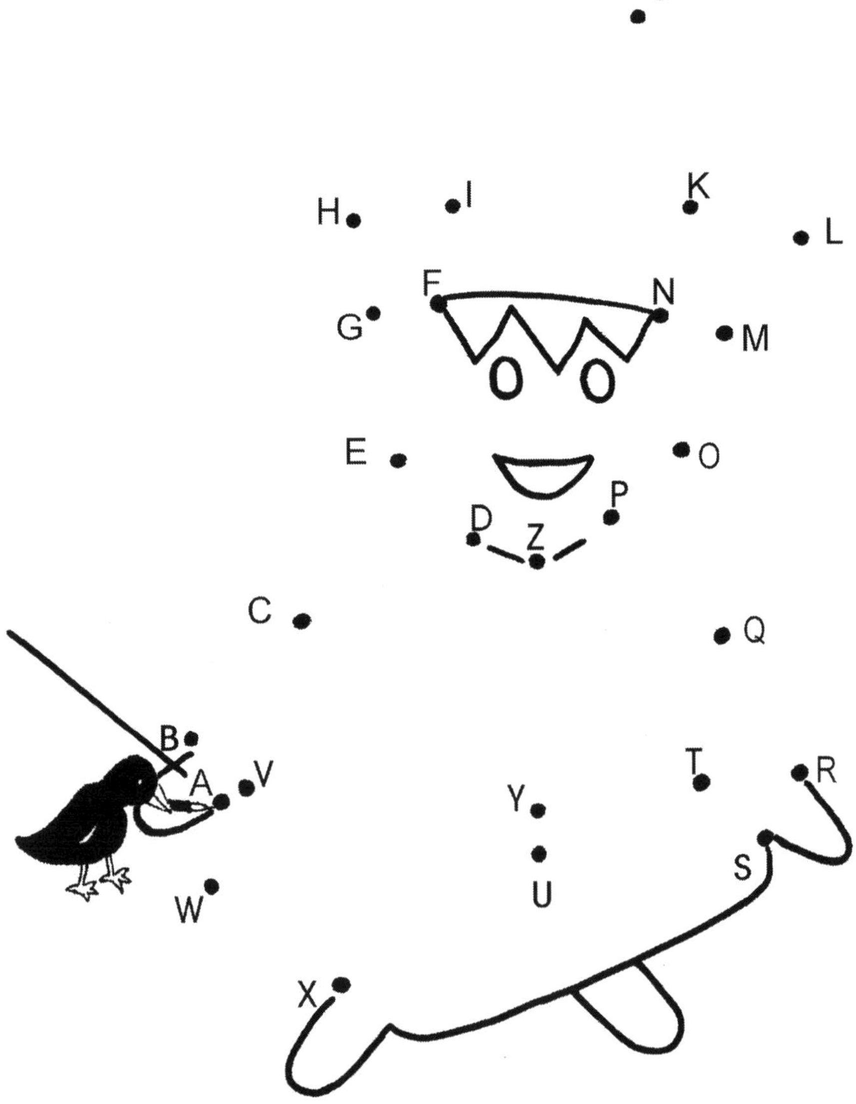

a b c d e f g h i j k l m n o p q r s t u v w x y z

Übung: Uhu Uwe rennt von Punkt zu Punkt.
Verbinde a bis z. Was wird das?

Übung:

Wer kennt alle Groß- und Kleinbuchstaben?

Verbinde alle Großbuchstaben mit ihren Kleinbuchstaben:

A	d	N	o
B	c	O	r
C	e	P	p
D	b	Qu	n
E	g	R	qu
F	a	S	t
G	f	T	v
H	m	U	s
I	h	V	u
J	l	W	y
K	i	X	w
L	k	Y	z
M	j	Z	x

Die Buchstabenverbindungen

Prima, die Buchstaben von unserem Alphabet kennst du nun gut. Nun kommen die befreundeten Buchstaben dran, die oft zusammen ganz anders ausgesprochen werden.

Moro zaubert jetzt mit den Buchstabenverbindungen

Doppellaute: ei, au, eu
Konsonantenverbindungen: ch, ck, sch, sp-/st-
Dehnungen: ie, -h, ieh
und Umlaute: ä/ö/ü, äu

Zu denen findest du hier noch mehr Geschichten und Rätsel, als zu den einzelnen Buchstaben in diesem Buch.
Moro wünscht dir viel Spaß dabei.

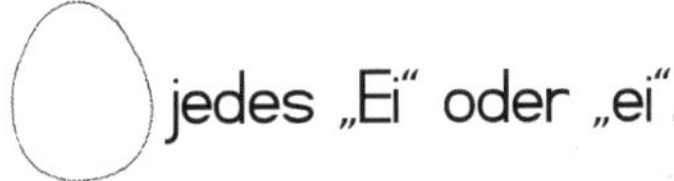

Übung: Eiersuche
Hilf Moro und male ein jedes „Ei" oder „ei".

WAS IST EIN GEIST?

MORO UND SEINE HEXE EMMA
WOLLEN WISSEN:
WAS IST EIN GEIST?
DAHER SAGEN BEIDE:

EINS, ZWEI, DREI, HEXENMEISTEREI,
KLEINER GEIST, EILE HERBEI.

ABER ES KOMMT KEIN GEIST.
DA FRAGT EMMA:
WEISST DU, WO GEISTER LEBEN?

MORO MEINT: IN EINER BURG!
EMMA IST BEGEISTERT UND RUFT:
FEIN, LASS UNS ZU EINER BURG GEHEN.

Beim Geist in der Burg

In einer alten Burg lebt ein kleiner Geist.
Er lebt dort lange Zeit allein.
Das wird mit der Zeit langweilig.

Da kommen zwei Kinder angeflogen.
Nein! Das sind ein Junge mit Hut und eine Hexe.
Der Geist denkt: Wer kommt da zu meiner Burg?

Moro fragt: Wo ist der Eingang zur Burg?
Emma zeigt: Da ist das breite Tor.
Es ist weit offen, aber wo ist ein Geist?

Da wird es windig und Moro erkennt einen Geist.
Der Geist meint: Kommt zu mir herein!
Dann tollen alle drei gemeinsam herum.

FRAGEN ZUM TEXT: WAS IST EIN GEIST?

1. WAS SOLL KOMMEN?

- EIN VAMPIR.
- EIN GEIST.
- EIN ZWERG.

2. WO LEBT EIN GEIST?

- IN EINEM BERG.
- IN EINER BURG.
- IN EINEM TURM.

Fragen zum Text: Beim Geist in der Burg

1. Der kleine Geist lebt allein.

- Das ist toll.
- Das ist langweilig.
- Deshalb verreist er.

2. Wer kommt zur Burg geflogen?

- Ein Junge und eine Hexe.
- Geister und Vampire.
- Zwei Kinder und eine Katze.

3. Bevor man den Geist erkennt, ...

- weint der Geist.
- regnet es.
- wird es windig.

Übung: Male alle Punkte mit einem „Ei" oder „ei" an.

Entlang der Punktelinie entsteht ein Gespenst.

Au **au**  **Au-to**

Übung: In Bewegung

Male unter jedes „Au" und „au" einen Bogen.

MOROS DAUMEN

AU, AU, AU!
DER ZAUBERER MORO KOMMT ZUR HEXE EMMA.
DER ZAUBERER IST TRAURIG UND MAULT.
ER HAT AUF SEINEN DAUMEN GEHAUEN.
MOROS DAUMEN IST NUN BLAU.

EMMA FRAGT DEN ZAUBERER:
KANNST DU DEN DAUMEN BEWEGEN?
JA, MORO KANN ES.
DANN GIBT EMMA SALBE AUF DEN DAUMEN.

EMMAS KATER MAUNZ MIAUT LAUT.
DER ZAUBERER NIMMT MAUNZ AUF DEN ARM.
DANN KRAULT DER ZAUBERER DEN KATER.
DA MERKT MORO: DER DAUMEN IST JA HEIL.
DAS IST KAUM ZU GLAUBEN.

LAUT SAGT DER ZAUBERER:
DANKE EMMA!

Zauberkekse

Der Zauberer Moro hat braune Eier dabei.
Morgen ist Sonntag, da gibt es Emmas Kekse.
Emma fragt, ob Moro helfen will.
Au ja, Zauberkekse sind fein.

Bald kann man den Teig kneten und ausrollen.
Emma fragt: Wo sind meine Formen?
Den Baum hat Affe Ali.
Das Auto hat der Zauberer Moro.
Uhu Uwe hat das Haus.
Dann nimmt Emma halt eine Maus.

Dann alles in den Ofen, bis es fertig ist. Emma ruft:
Aufpassen! Unsere Zauberkekse werden braun!
Sofort alle Kekse
aus dem Ofen raus!
Wau, unsere Kekse
duften so gut!

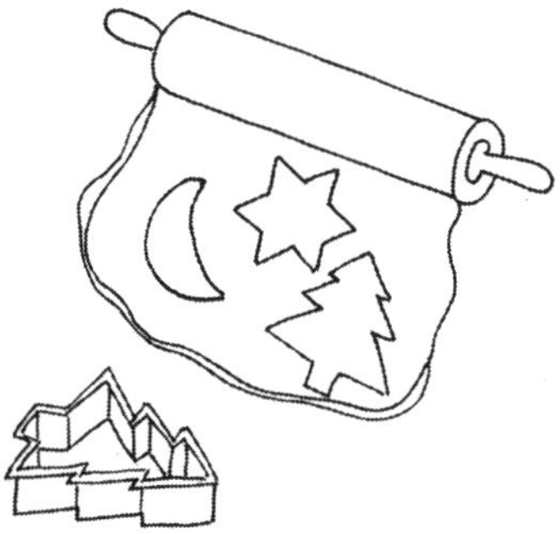

Übung: Welcher Wortanfang gehört zu „Ei" oder „Au"? Kannst du auch das Bild der Schrift zuordnen?

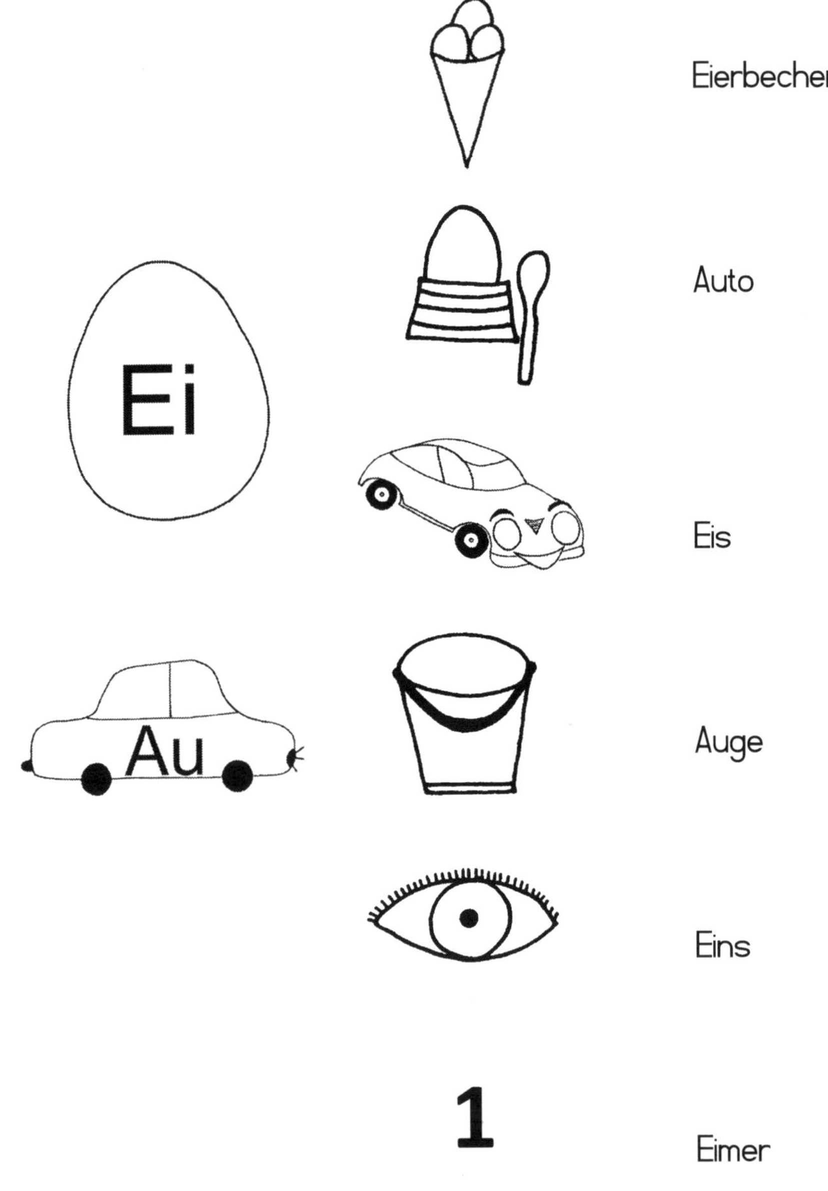

Übung: Trauriger Moro

Lese und male dann MORO:

Moros Mund ist traurig.
Denn Moros Daumen ist blau.
Auf dem Boden ist der Hammer.

Was hat der Zauberer an?
Moro hat einen Hut auf dem Kopf.

Der Mantel ist blau.
Der Pulli ist braun.
Moros Hose ist dunkelblau.

Ch ch **8** a-ch-t

Übung: Die Macht der 8

Lies 8 als „acht"

EMMA L8:
HABE 8,
IN DER N8
HABEN WIR HEXEN M8.
WER M8 MIT?

Übung: Hexenbesen

Nun hexe einen Strich unter jedes „CH" oder „ch":

DRACHENNACHT

CH, CH, CH. MORO IST NOCH IM BETT.
MORO IST NOCH NICHT WACH.

EMMA UND GIGGI SIND ZU BESUCH.
NACH DEM ESSEN WOLLEN ALLE IN DEN WALD.

DOCH MORO WIRD NOCH LANGE NICHT WACH.
DA WIRD MORO VON EMMA GEKITZELT.
MORO WIRD NUN DOCH WACH.

Der kleine Drache

Emma macht alle Lichter an.
Danach wird Essen gemacht.
Es gibt warme Milch und Kuchen.
Dann will man den Drachen besuchen.

Moro, Emma und Giggi gehen einfach raus.
Doch in der Nacht ist es ganz dunkel.
Bewegt sich nicht etwas auf Moros Dach?
Moro ruft: Was machst du auf meinem Dach?

Da faucht doch einer: Ich sitze da!
Emma lacht: Drache komm doch runter!
Der Drache berichtet: Nein, ich habe Angst.
Emma sagt: Wir machen dir doch nichts.
Wir wollten dich gerade besuchen.

Da gleitet der Drache bis zur Dachrinne.
Dann saust er auf dem Bauch bis in den Garten.
Das ist so lustig, dass Emma lachen muss.
Da lachen Moro, Emma und der Drache gleich mit.

Nun hustet der kleine Drache vor lauter Lachen.
Jetzt kommen Rauchwolken aus seiner Nase.
Moro fragt: Kannst du auch Flammen machen?
Ja, das macht der Drache gleich vor.

Frageübung: Streiche die Bilder durch, welche nicht zum Text passen.

FRAGEN ZUM TEXT: DRACHENNACHT

WO IST MORO?

FRAGEN ZUM TEXT: Der kleine Drache

Wo finden Moro, Emma und Giggi den Drachen?

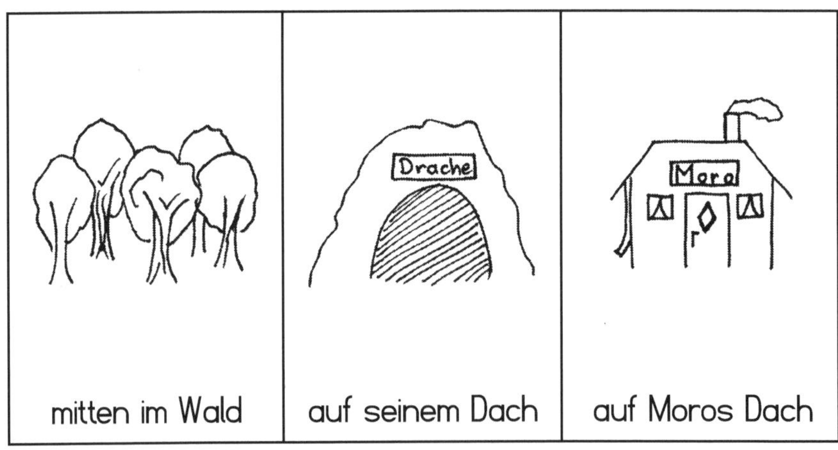

Übung: Zaubertrank und Hexenkessel

Moro will einen Zaubertrank brauen. Vorm Kochen ist aber einiges durcheinander geraten. Kannst du Moro helfen, die Wortteile verbinden und aufschreiben?

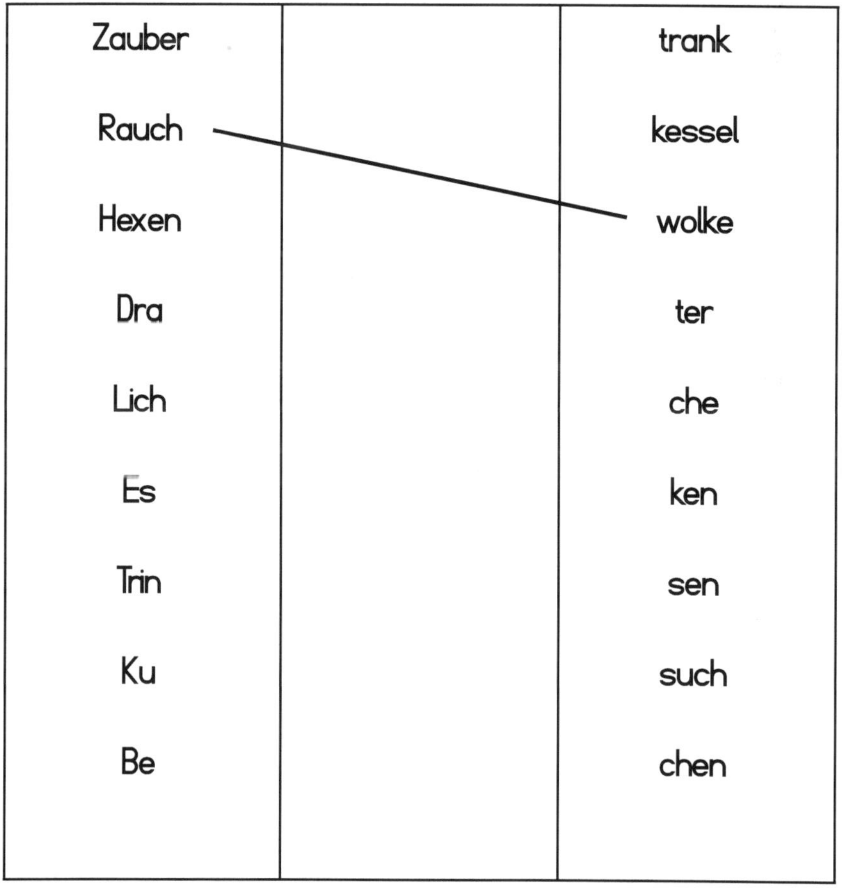

Zauber		trank
Rauch		kessel
Hexen		wolke
Dra		ter
Lich		che
Es		ken
Trin		sen
Ku		such
Be		chen

IE ie 4 v-ie-r

ÜBUNG: PFEILE

MALE AUF JEDES „IE" EINEN → PFEIL.

GIGGI WIRD SIEBEN

DIE JUNGE HEXE GIGGI HAT BALD
GEBURTSTAG.
DIESEN GEBURTSTAG WILL SIE FEIERN.

SIE WILL EIN RIESENFEST BIETEN.
DAHER HOLT SIE PAPIER, FARBEN UND RADIERER.

EMMA UND MORO BEKOMMEN EINEN LIEBEN BRIEF.
UND VIELE HEXEN BEKOMMEN EINEN BRIEF:

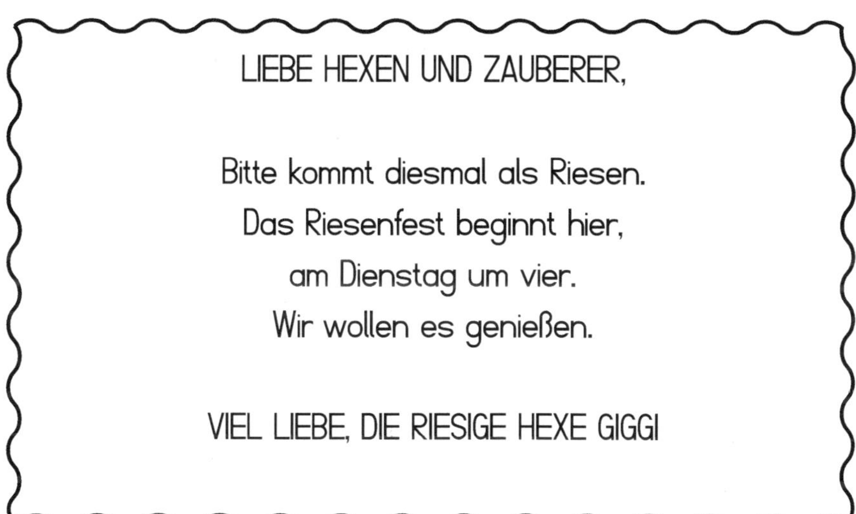
LIEBE HEXEN UND ZAUBERER,

Bitte kommt diesmal als Riesen.
Das Riesenfest beginnt hier,
am Dienstag um vier.
Wir wollen es genießen.

VIEL LIEBE, DIE RIESIGE HEXE GIGGI

Kommt Moro zu Giggi?

Als Hexe Giggi Moro trifft, fragt sie:
Am Dienstag ist meine Riesenparty.
Fliegst du diesmal zu mir?

Moro fragt: Wieso, ich war noch nie da.
Sie bittet: Lieber Moro, komm doch als Riese.
Ich will eine riesige Party haben.

Giggi hat aber noch viel zu tun.
Ob sie bis Dienstag alles fertig hat?

Übung: Hexe Emma sucht Ali

Kannst du Emma helfen? Male wie folgt aus:

IE = blau / Ei = rosa / ee = gelb

ie = braun / ei = rot

FRAGEN ZUM TEXT: GIGGI WIRD SIEBEN

1. WER BEKOMMT ALLES EINEN BRIEF?

- GIGGI.
- VIELE HEXEN UND MORO.
- ALLE ZAUBERER.

Fragen zum Text: Kommt Moro zu Giggi?

1. Als was sollen sich alle verkleiden?

- Als Zwerge.
- Als Riesen.
- Als Zauberer.

2. Wie oft war Moro bei Giggis Party?

- Noch nie.
- Er kommt immer.
- Sieben Mal.

3. Wann ist Giggis Party?

- Am Montag um vier.
- Am Dienstag um vier.
- Am Dienstag um sieben.

SCH sch  Sch-lage

ÜBUNG: MALE UNTER JEDES „SCH“ EINE SCHLANGE.

KLEINE FEE HAT ES SCHWER

ZU MORO KOMMT EINE KLEINE FEE.
SIE HAT EINEN WUNSCH UND FRAGT:
KANNST DU MIR HELFEN?
ICH WILL SO BUNT SCHILLERN
WIE MEINE SCHWESTERN.

DAS WIRD SCHWER.
WAS SOLL MORO TUN?
ABER EMMAS SCHWARZER RABE SAGT:
WILLST DU SEEFEE ODER SCHNEEFEE SEIN?

DIE KLEINE FEE SCHMUNZELT:
EINE SCHNEEFEE IST IMMER WEISS.
DER SCHNEE SCHILLERT IN DER SONNE.
DANN KANN MAN ALLE FARBEN SEHEN.
JA, ICH WILL DIE SCHNEEFEE SEIN.

Frischer Schnee

Den ersten Schnee gibt es schon am Morgen.
Der Schnee tanzt und schwebt zu Boden.
Moro jubelt: Es schneit, hurra, es schneit.

Fast rennt er mit dem Schlafanzug in den Schnee.
Schnell Hose, Schuhe und Mantel an,
Schal und Handschuhe folgen dann.
Jetzt schnell zu Emma in den Schneewald.
Schade, bald schmilzt der erste Schnee.
Dann gibt es glitschigen Matsch.

Aber schon gibt es wieder frischen Schnee.
Da baut Moro mit Emma eine Schneehexe.
Unten haben sie es schon geschafft.
Moro formt schnell noch eine Schneekugel.
Das wird der Kopf mit Augen und Nase.
Zum Schluss bekommt sie Emmas alten Schal.

ÜBUNG: WAS WARTET AUF MORO UND EMMA?

MALE ALLE FELDER SO AUS:
SCHIFF = GELB
SCHAF = LILA
TISCH = BLAU
FISCH = ROT

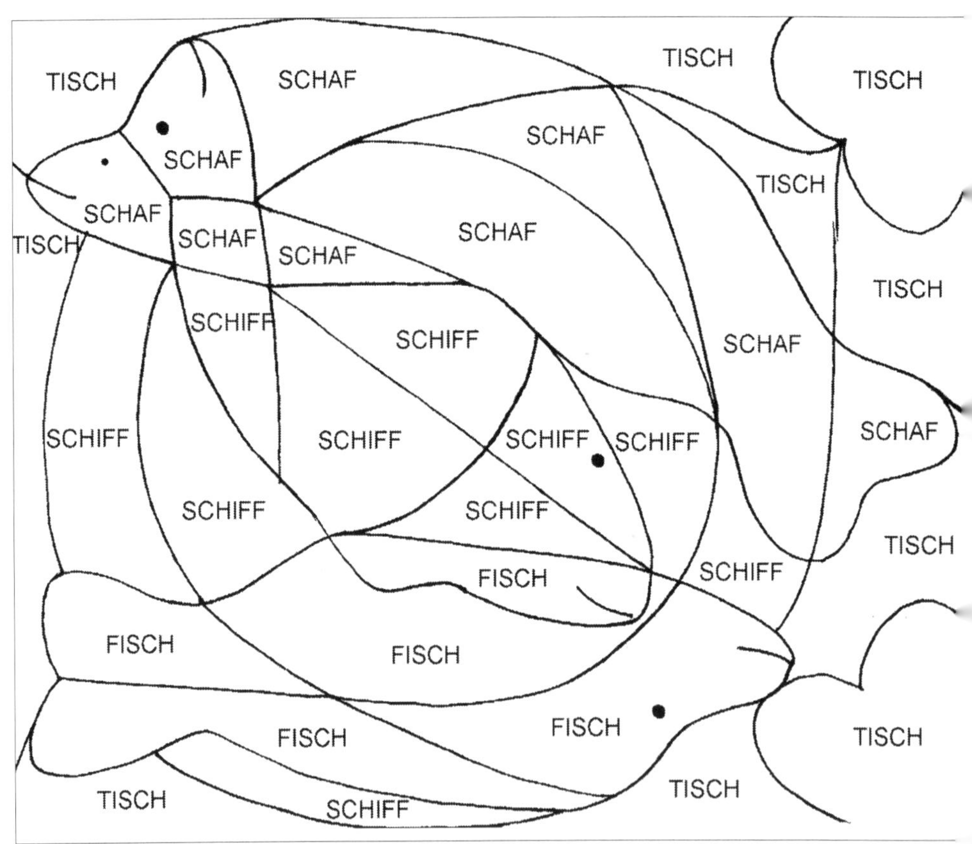

Übung: Wortschlangen

Moro liebt Schlangen. Emma schaut sie sich genauer an und sagt: Da ist ja auf allen etwas geschrieben.
Von wo bis wo geht welches Wort?

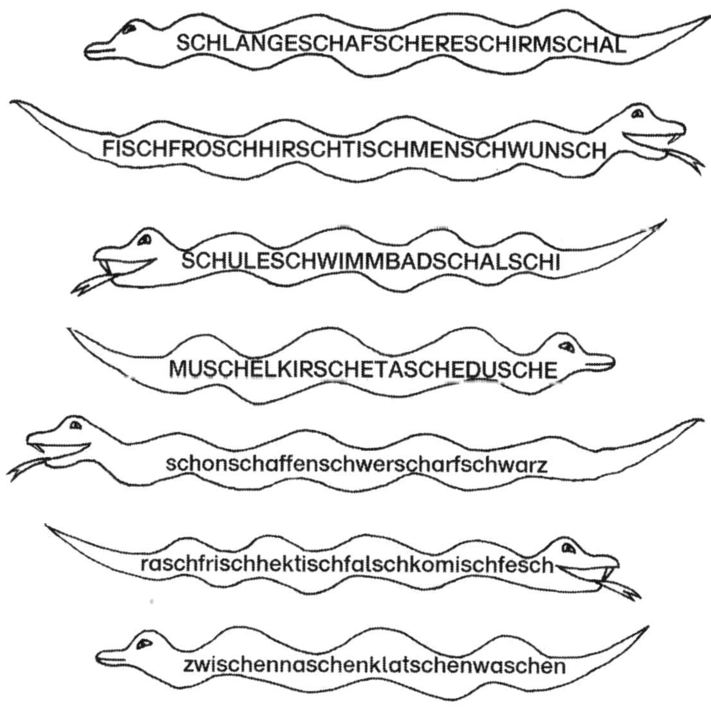

SP Sp-inne sp

ST St-ern st

AUF ZUM ZIRKUS

EMMA STARTET MIT MORO ZUM ZIRKUS.
DORT GIBT ES EINEN SPANNENDEN ZAUBERER.

BALD IST DAS KLEINE SPITZE ZELT VOLL.
AUF EINMAL SPIELT DIE MUSIK LOS UND
EIN MANN MIT STUMPFEM HUT SPRINGT INS ZELT.
IST DAS DER SPANNENDE ZAUBERER?
SOFORT WIRD ES GANZ STILL.

ÜBUNG: ST ODER SP

WAS SPRINGT DA RUM? VERBINDE WORT UND BILD.

SPEER STERN SPIEGEL

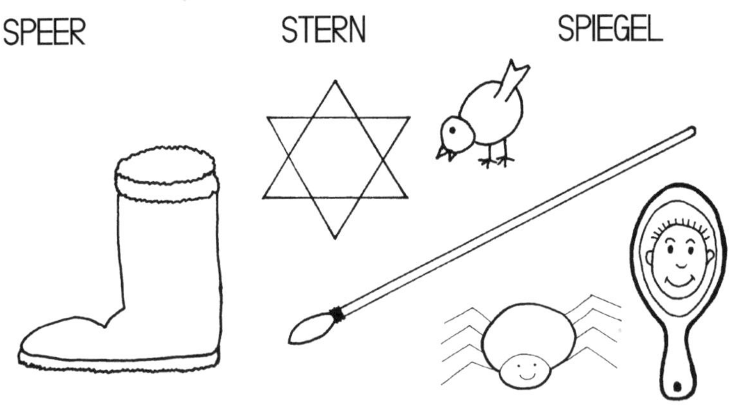

STIEFEL SPATZ SPINNE

Im Zirkus

Der Zauberer holt einen Stab und sagt:
Liebes Publikum, in diesem Stab ist nichts drin.
Da nimmt der Zauberer seinen Stab und holt
einen Strauß Blumen heraus. Emma staunt.

Jetzt schneidet der Zauberer ein Springseil durch.
Dann spricht er seinen Zauberspruch.
Schon ist das Springseil wieder ganz.
Alle rufen: Spitze!

Nun sagt der Zauberer: Ich brauche nun Hilfe!
Er schaut sich um und nimmt Moro.
Jetzt stellt er seinen Zylinder vor Moro ab.
Moro soll sagen, ob etwas im Zylinder ist.
Er sagt: Nur eine Spinne.

Der Zauberer streicht den Zauberstab am Zylinder.
Eine Taube springt heraus und steigt nach oben.
Moro denkt: Ich sollte doch helfen.
Daher springen noch drei Tauben raus.
Der Zauberer starrt Moro stumm an.
Er hat die Sprache verloren. Das Publikum jubelt.

Moro ist stolz: Er konnte dem Zauberer helfen.
Er ist der Star des Abends.

Übung: Das Spinnennetz

Vor Moros Platz ist ein Spinnennetz.

Welcher Faden hat welche Farbe?

Male wie folgt:

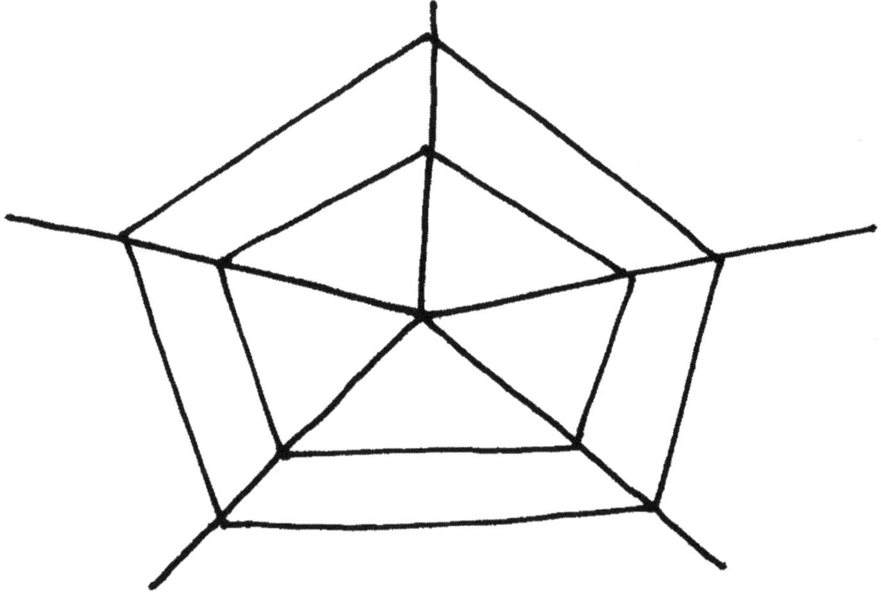

DER UNTERSTE FADEN IST GELB.

DER FADEN LINKS DAVON IST LILA.

DER FADEN LINKS OBEN IST HELLBLAU.

DER FADEN RECHTS DAVON IST ROSA.

DER FADEN DARUNTER IST BRAUN.

DIE DURCH DIE MITTE GEHEN SIND ROT.

DER REST IST DUNKELBLAU.

FRAGEN ZUM TEXT: AUF ZUM ZIRKUS

1. ALS DER ZAUBERER KOMMT, WIRD ES GANZ

- LAUT.
- STILL.
- STAUBIG.

Fragen zum Text: Im Zirkus

1. Was holt der Zauberer aus dem Stab?

- VIELE BUNTE STIFTE.
- EINEN STRAUSS BLUMEN.
- EINE PACKUNG SPAGETTI.

2. Dann macht der Zauberer Folgendes:

- Das Springseil steigen lassen.
- Er schneidet das Springseil durch.
- Er springt mit dem Springseil.

3. Im Zylinder ist ...

- ein Stein.
- ein Stern.
- eine Spinne.

4. Aus dem Zylinder springen ...

- Kaninchen.
- Spinnen.
- Tauben.

ck Da-ck-el

DER DACKEL

MORO IST IM SCHNECKENTEMPO UNTERWEGS.
DA HOCKT EIN DACKEL AUF DEM WEG.
ER GUCKT MORO MIT EINEM TRAURIGEN BLICK AN.

OH SCHRECK – MORO ZUCKT ZUSAMMEN.
UNTER SEINEM NACKTEN BEIN IST EIN
DICKER FLECK.
MIT DEM NACKTEN BEIN TRAT ER IN HUNDEKACKE.
MOROS NASE ZUCKT – DAS STINKT.

Die Buckelhexe

Da packt ihn jemand am Genick.
Moro erschrickt im selben Augenblick.
Da lockert sich der Griff.

Das war die Buckelhexe mit ihren Locken.
Die Hexe hat einen dicken Rock mit Flicken an.
Sie gackert: Gehe in die Ecke!
Moro guckt dumm und nickt vor Schreck.

In der Ecke ist ein Becken mit Wasser.
Moro hockt sich ins Becken.
Die Buckelhexe kommt mit ihrem Sack.
Im Sack sind Schuhe und saubere Socken.
Moro nickt dankbar.

Doch nun gackert die Buckelhexe:
Hilf mir beim Schneckensuchen!
Moro guckt ganz dumm.
Schon packt er
die erste Schnecke.

Übung mit dem ck

Schreibe die Wörter mit „ck“.

Dann lies jedes Wort genau und verbinde.

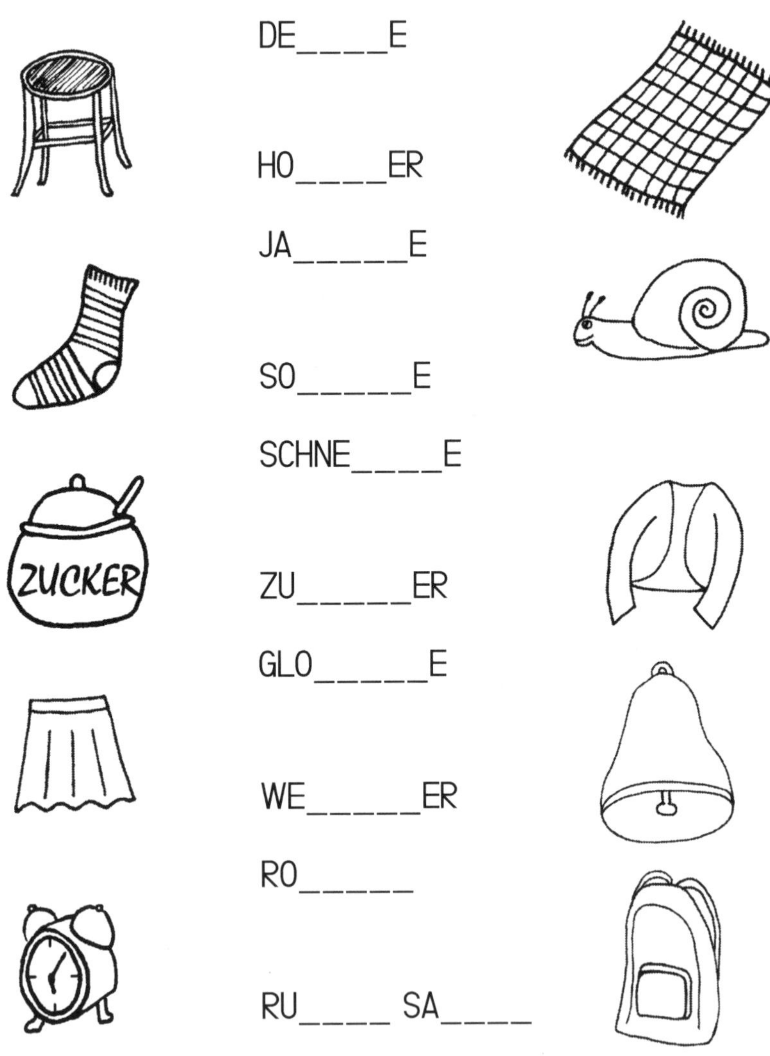

FRAGEN ZUM TEXT: DER DACKEL

1. WAS MACHT DER DACKEL?

- TRAURIG BLICKEN.
- BOCKIG GUCKEN.
- DAS MAUL SCHLECKEN.

Fragen zum Text: Die Buckelhexe

1. Warum erschrickt Moro?

- Er hat einen Fleck auf der Hose.
- Die Buckelhexe packt ihn am Genick.
- Er tritt in eine Schnecke.

2. Was ist im Sack der Buckelhexe?

- Ein Wackeldackel.
- Ein alter Rucksack.
- Trockene Socken.

EU eu  Eu-le

WER DARF ZUR SCHULE?

NEULICH FRAGTE MORO:
WANN DARF ICH ZUR SCHULE?
DA SEUSELTE DIE OBERHEXE:
HEUTE KANN ICH ES EUCH NOCH NICHT SAGEN,
WER ZUR HEXENSCHULE DARF.

IN DER NACHT DER HEXEN UND GEISTER
DARF JEDER ZEIGEN, WAS ER KANN.
IST ER GUT GENUG, DARF ER ZUR
HEXENSCHULE.
DIE DREI FREUNDE SEUFZEN.

Das Hexenfest

Wie sich die treuen Freunde freuen!
Heute haben Emma und Moro den Test geschafft.
Die Freunde fliegen voller Freude zum Festplatz.
Die neuen Schulhexen sammeln das Feuerholz.

Es ist neun! Moro und Emma keuchen.
Die Freunde haben viel Holz gefunden.
Emma flitzt in eine neue Scheune.
Dort holt sie viel neues Heu.
Dann feuert sie das Heu ins Feuerholz.

Die Freunde wollen sehen, wie das Feuer brennt.
Die Oberhexe klopft gegen das Feuerholz.
Zu den neuen Schulhexen sagt sie:
Im Feuerholz sind ein paar scheue Tiere,
die sollen nicht verbrennen.

Da fliegt eine Eule aus dem Feuerholz.
Die scheue Eule heult nun im Wald.

Bald leuchtet das Hexenfeuer im Dunkeln.
Im Trubel der heutigen Nacht wirbeln die Freunde
um das lodernde Feuer herum.
Sie heulen voller Freude: Juchhe!

Übung: FEUERTANZ

MALE DAS WIE FOLGT!

AM HIMMEL IST EIN MOND.
EMMA SITZT AUF EINEM BESEN.
EMMAS PULLI IST ROT UND GELB.
RECHTS VOM FEUER SIND ZWEI EULEN.

FRAGEN ZUM TEXT: WER DARF ZUR SCHULE?

1. WARUM SEUFZEN DIE FREUNDE?
- WEIL SIE ZUR SCHULE WOLLEN.
- WEIL DIE SCHULE TEUER IST.
- WEIL MORO HEULT.

Fragen zum Text: Das Hexenfest

1. Wer sammelt das Feuerholz?
- Die Oberhexe.
- Die großen Zauberer.
- Die neuen Schulhexen.

2. Wo findet Emma Heu?
- Im Hexenhaus.
- In der Scheune.
- Im Feuer.

AH	Z-ah-n	ah	OH	Oh-r	oh
EH	R-eh	eh	UH	Uh-r	uh
IH	ih-r	ih			

EMMA KOMMT IN DIE HEXENSCHULE

EMMA IST SEHR FROH UND SINGT:
MIR IST SO WOHL. ICH BIN SO FROH.
IHR UHU UWE FRAGT: WAS IST DENN LOS?

SIE SAGT IHM INS OHR:
WER GEHT HEUTE ZUR SCHULE? ICH.
DORT MUSS ICH SEHR GUT AUFPASSEN,
DANN GIBT MIR DER LEHRER EINE BELOHNUNG.

EMMA SCHAUT AUF IHRE HEXENUHR.
OH WEH! JETZT GEHT MORO LOS.
SIE SAUST AUS IHREM HAUS.
DAS HAAR WEHT HINTER IHR HER.

In der Hexenschule

Als Emma bei der Schulfahne ankommt,
steht da schon der Zauberlehrling Moro.
Auch Hexen sind da in großer Zahl.
Emma sah den Lehrer in seiner Wohnung.
Daher sagt sie: Der hat keine Haare mehr.

Da kommt der Zauberlehrer an.
Es ist wahr, er ist ganz ohne Haar.
Guten Morgen, ihr Hexen und Zaubererlehrlinge.
Dieses Jahr sollt ihr den Tieren Nahrung bringen.
Im Hof sind Hahn, Huhn, Reh, Kuh und Fohlen.

Dann beginnt der Lehrer mit dem Unterricht.
Er will wissen, wie gut seine Lehrlinge sind.
Darum sollen alle ihren Besen nehmen.
Dann sollen sie ihn schweben lassen.
Emma nimmt sofort ihren Hexenbesen.
Da kommt ein Schatten auf ihren Zeh und ihr Ohr.

Der Lehrer ist ganz nah bei ihr.
Oh weh, Emma ist sehr aufgeregt.
Sie macht einen Fehler und ihr Besen rast davon.
Entsetzt dreht sich Moro nach ihr um.
Aber der Lehrer hat den Besen gefangen,
bevor er sich in die Wand bohren konnte.

Übung: Buchstabenschnecke

Schreibe die passenden Buchstaben in die leeren Felder und beachte die Reihenfolge.

Wie lautet der letzte Buchstabe?

1 ah	2 eh	3 ih	4 oh	5 uh	6	7 eh	8 ih	9
								10 uh
33	34	35	36	37	38	39		11 ah
32						40		12
31		51	52	53		41		13
30		50		54		42		14 oh
29		49				43		15
28		48	47	46	45	44		16
27								17
26	25	24	23	22	21	20	19	18

FRAGEN ZUM TEXT: EMMA KOMMT ZUR SCHULE

WOHIN GEHT EMMA?

Fragen zum Text: In der Schule

Wie viele Haare hat der Lehrer?

Was sollen die Hexen zuerst hexen?

IEH ieh s-ieh-t

IM KLASSENZIMMER

MORO SIEHT EMMA JETZT JEDEN TAG IN DER SCHULE.
DORT MUSS IMMER EINER DAS VIEH VERSORGEN.
AUCH GESCHIEHT DORT LAUFEND ETWAS ANDERES.

WAS WERDEN SIE HEUTE LERNEN?
DER LEHRER ZIEHT AM SEIL EINER GLOCKE.
ER WILL MIT DEM UNTERRICHT BEGINNEN.

DANN SAGT DER LEHRER:
AUF EINEM BESEN KANN JEDE HEXE FLIEGEN.
ABER WENN MAN FLIEHT IST ES BESSER,
WENN KEINER EINEN SIEHT.
DA SOLLTE MAN SICH VERWANDELN.

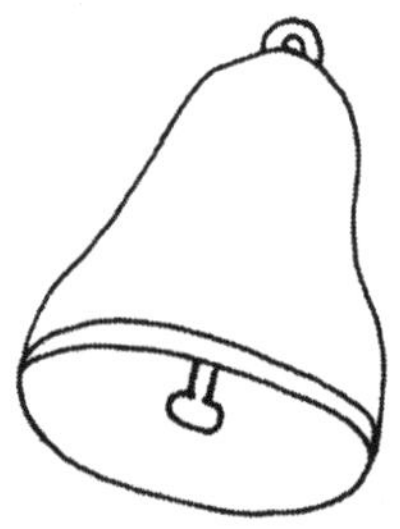

Flugstunde einmal anders

Moro sitzt vorne und sieht,
dass der Lehrer ein Buch zu sich zieht.
Er liest im Buch und murmelt:

Macht es nur, wenn es keiner sieht.
Steiget auf wie ein Adler auf den Turm.
Ich hoffe, ihr wollt, dass es geschieht.
Sonst flieh, du armer kleiner Wurm.

Den jungen Hexen und Zauberlehrlingen
weiten sich vor Staunen die Augen.
Was geschieht mit ihnen?
Sie alle verwandeln sich in Raben.

Dann schwingen sie sich in die Luft.
Ein jeder zieht seine Schleifen um den Schulhof,
bevor er wieder ins Klassenzimmer fliegt.
Dort werden alle wieder zu Hexen und Zauberern.

Aber was sieht ein jeder im Zimmer?
Emma ist nicht unter ihnen.
Doch ein Wurm flieht unter ihren Platz.
Der Lehrer zieht einen Kreis um das kleine Vieh.
Dann befiehlt er: Emma verwandle dich.
Es klappt, sie hatte große Angst.

Übung: Wer findet die Wörter?

Jetzt will der Lehrer wissen, wer alle versteckten Wörter finden kann. Kannst du es? Lies von links nach rechts. Dann male die Wörter an.

B	M	L	E	H	R	E	R	C	N	D
Z	I	E	H	T	U	V	I	E	H	W
O	H	A	A	R	E	P	F	I	C	H
U	H	R	G	T	H	E	X	E	I	R
J	N	A	C	H	S	I	H	R	E	N
G	I	G	G	I	A	K	D	A	C	H

Übung: Labyrinth

Wie sind alle geflogen?
Verfolge ihre Spuren und schreibe die Buchstaben ins richtige Feld.

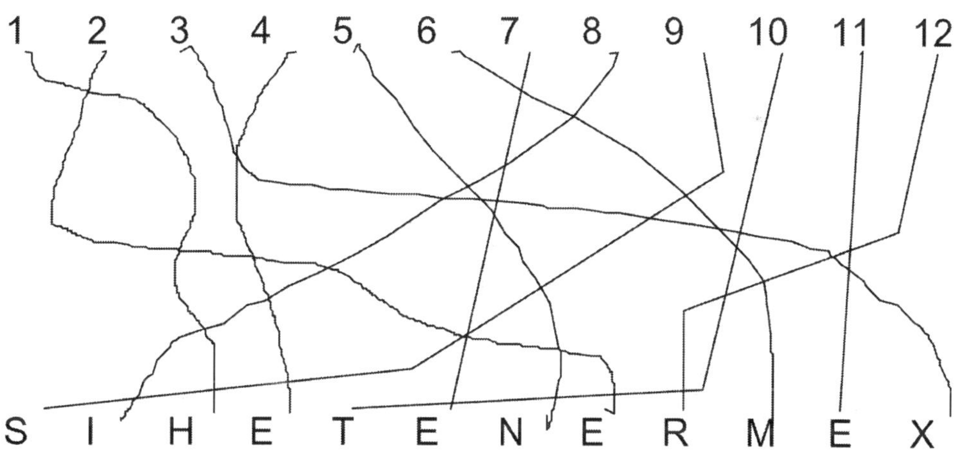

Lösungswort:

1	2	3	4	5	6	7	8	9	10	11	12

Die Umlaute Ä Ö Ü AU

Ä		ä	Äpfel
Ö		ö	Öl
Ü		ü	Ü-ei

MALE DIE NEUEN BUCHSTABEN AN:
Ä = ROT / Ö = BLAU / Ü = GRÜN

AUF ZUM ZOO

MORO IST GANZ FRÜH AUFGESTANDEN.
ER WILL NICHT ZU SPÄT ZU EMMA KOMMEN.
SIE WOLLEN NÄMLICH IN DEN ZOO GEHEN.

EMMA RUFT: SUPER, DU BIST GANZ PÜNKTLICH.
SIE STEIGEN AUF IHRE BESEN UND DÜSEN LOS.

EMMA IST MÄCHTIG NERVÖS:
WIR MÜSSEN DORT IMMER SCHÖN ARTIG SEIN
UND DÜRFEN NICHT HEXEN.

Im Zoo

Vor dem Affenfelsen drängeln sich viele Menschen.
Dort drüben ist ein Schild: Füttern verboten!
Was ist da drüben los? Die Affen düsen hin und her.
Sie kämpfen um die besten Obststücke.

Plötzlich wirft ein Mädchen mit Bonbons.
Die landen bei dem Äffchen.
Moro ist empört: Hör mal, das ist verboten.
Darauf das Mädchen: Das kümmert mich nicht!

Bestürzt ruft Moro: Nein, das Äffchen isst das Bonbon.
Da fängt das Äffchen an zu husten und zu würgen.
Emma klatscht in die Hände und hext.
Das Äffchen macht plötzlich einen Salto durch die Luft.

Es wird so geschüttelt, dass es das Bonbon rauswürgt.
Die Rettung kommt zum Glück keinen Moment zu spät.
Aber Moro ist wütend auf das blöde Mädchen.

Da hört man plötzlich ein lautes: Hilfe!
Das böse Mädchen landet im Mülleimer.
Aber Emma meint: Das war ein übler Streich.
Daher düsen beide sofort zum Spielplatz rüber.

Übung: Zauberwörter:

Was ist mit den Wörtern passiert? Verbinde:

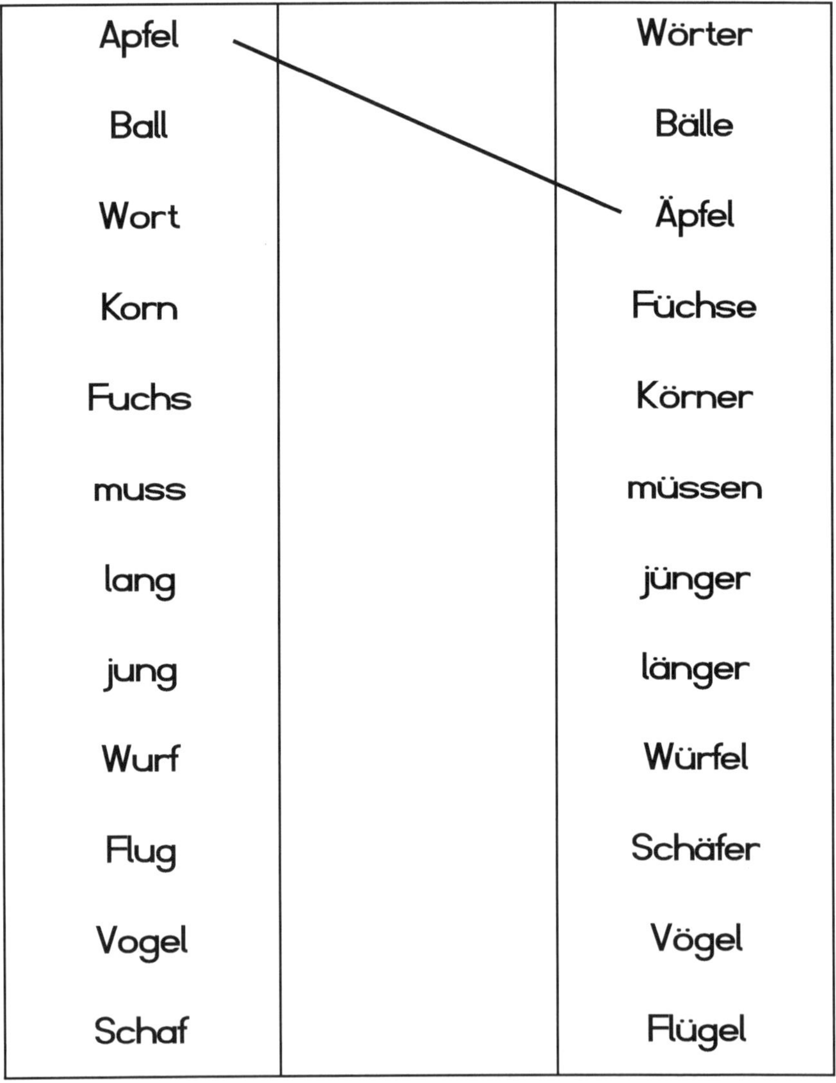

Apfel		Wörter
Ball		Bälle
Wort		Äpfel
Korn		Füchse
Fuchs		Körner
muss		müssen
lang		jünger
jung		länger
Wurf		Würfel
Flug		Schäfer
Vogel		Vögel
Schaf		Flügel

FRAGEN ZUM TEXT: AUF ZUM ZOO

1. WANN IST MORO AUS DEM BETT?

- MORO IST GANZ FRÜH AUFGESTANDEN.
- MORO IST GANZ SPÄT AUFGESTANDEN.

2. WOHIN WOLLEN MORO UND EMMA

- SIE WOLLEN IN DEN ZIRKUS.
- SIE WOLLEN IN DEN ZOO.

Fragen zum Text: Im Zoo

Streiche immer den falschen Satz durch:

1.

- Hinter dem Rabenfelsen sind viele Hexen.
- Vor dem Affenfelsen drängeln sich viele Menschen.

2.

Da ist ein Schild:

- Füttern verboten!
- Bitte füttert mich!

3.

- Das Mädchen macht einen Salto in den Mülleimer.
- Das Äffchen macht plötzlich einen Salto durch die Luft.

ÄU äu B-äu-me

AUF DEM SPIELPLATZ

MORO UND EMMA SCHWEBEN
ÜBER HÄUSER UND BÄUME.
ALLES VERLÄUFT GUT,
BIS SIE ZU DEN ZÄUNEN KOMMEN.

DORT AM SPIELPLATZ SIND HÄUFIG KINDER.
ALLES IST ALT UND GRÄULICH.
ES GIBT GÄULE ZUM WIPPEN.

DA IST EINE SÄULE ZUM KLETTERN.
EIN JUNGE LÄUFT DORTHIN UND STOLPERT.
WARUM PASST ER NICHT AUF?
VON WAS TRÄUMT ER?

ER TRÄUMT VON EINER HOHEN KLETTERSÄULE.
JA, DIE KINDER BRÄUCHTEN BESSERE SACHEN.

Hilfe für die Kinder

Moro bricht ein paar Zweige von den Sträuchern.
Dann reibt er diese mit Kräutern ein.
Jetzt läuft er damit um die Klettersäule herum.
Diese fängt an sich zu recken und zu strecken.
Sie wächst immer höher und höher.
Bald ist sie höher als die Bäume.

Die Kinder klatschen ganz laut und häufig Beifall.
Aber die Eltern glauben, sie täuschen sich.
Ein paar Mäuse rennen erschrocken hin und her.

Emma läuft und sammelt alle Mäuse wieder ein.
Sie leben in einem Gebäude hinter den Sträuchern.
Emma läuft schnell zu den Mäusen
und bringt sie zurück zu dem Gebäude.

Da hört Moro den Eisverkäufer läuten.
Alle Kinder wollen ein Eis vom Eisverkäufer.
Aber ein kleiner Junge drängelt.
Ein Fräulein rümpft darüber ihre Nase
und eine Bäuerin schimpft den Drängler.
Der kleine Räuber ballt die Fäuste.
Aber dank Moro hat er darin schon ein Eis.

Übung: Verzauberte Wörter

Moro hat noch mehr Wörter verzaubert, verbinde:

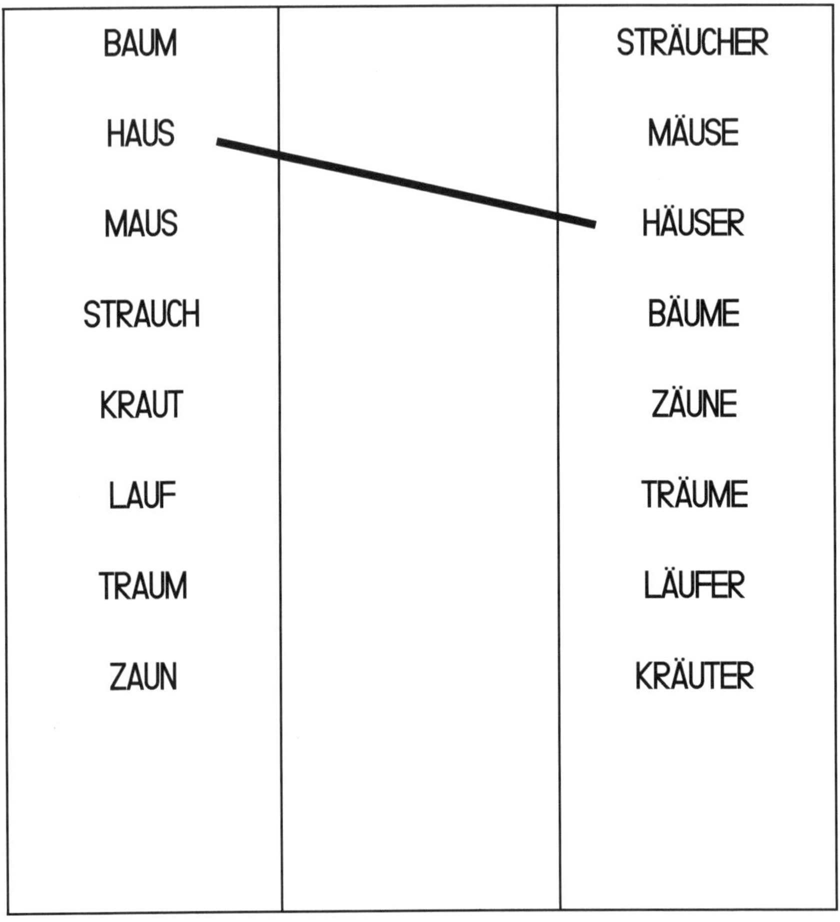

BAUM		STRÄUCHER
HAUS		MÄUSE
MAUS		HÄUSER
STRAUCH		BÄUME
KRAUT		ZÄUNE
LAUF		TRÄUME
TRAUM		LÄUFER
ZAUN		KRÄUTER

FRAGEN ZUM TEXT: AUF DEM SPIELPLATZ

1. VON WAS TRÄUMT DER JUNGE?

- VON EINER KLETTERSÄULE.
- VON BAUMHÄUSERN.
- VOM EISVERKÄUFER.

Fragen zum Text: Hilfe für die Kinder

1. Was bräuchten die Kinder?

- Dass jemand aufräumt.
- Eine höhere Klettersäule.
- Mäuse und Läuse.

2. Zu wem läuft Emma?

- Zum Eisverkäufer.
- Zum Däumling.
- Zu den Mäusen.

Komplette Anlauttabelle

Ameise 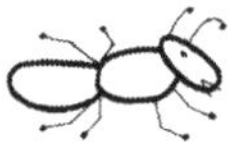		Baum 	Clown 	Drache 
Äpfel 	Auto 	Bäume 	Acht 8	Dackel 
Esel 		Frosch 	Geist 	Hase 
Ei 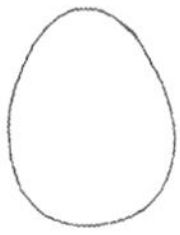	Eule 			
Igel 	Jacke 	Krokodil 	Leiter 	Moro 
ie: vier 4	ah eh ih oh uh	Zahn Reh ihr Ohr Uhr	ieh	Vieh

Nüsse 	Ofen 	Pilz 	Qualle 	Rabe 
	Öl 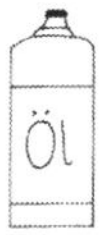			
Sonne 			Tiger 	Uhu 
Schlange 	Spinne 	Stern 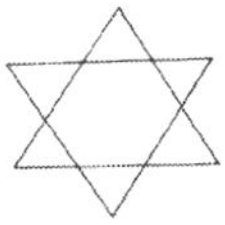		Überra- schung 
Vulkan 	Wald 	Xylofon 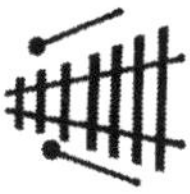		Zauberhut 

Buchtipp: Mathe-Spuk um Mitternacht

Eingebettet in eine liebevoll erzählte und bebilderte Geschichte um den kleinen Geist Willi lernen Mädchen und Jungen ab 4 Jahren in Kindergarten und Vorschule spielerisch die Zahlen von 1 bis 12 kennen und erlernen das Zählen. Ein Übungsheft, das Ihr Kind auf die Schule vorbereitet und es mit Spaß an Mathematik und den Mathe-Unterricht heranführt.

Willi, das kleine Gespenst, hat es nicht leicht. Nacht für Nacht verschläft er die Geisterstunde um Mitternacht. Und das alles nur, weil Willi die Zahlen noch nicht kennt und nicht richtig zählen kann!

Kaum beginnt die alte Turmuhr in der Burg zu schlagen, ist Willi ganz aufgeregt und versucht jedes Mal, die Schläge mitzuzählen. Doch dabei geht alles drunter und drüber. Helfen wir Willi gemeinsam mit dem gescheiten Zahlen-Spuk-Lehrer Professor Dr. Dr. Knarz, die Zahlen zu lernen, damit er künftig zusammen mit den anderen Geistern um Mitternacht um die alte Burg herum spuken und Leute erschrecken kann ...

Nanja Holland: Mathe-Spuk um Mitternacht, ISBN: 978-3-99051-254-8

Printed in Poland
by Amazon Fulfillment
Poland Sp. z o.o., Wrocław

70046691R00048